我是小小演说家

I'm a Little Speaker

郭晓婷　周小君 ◎ 著

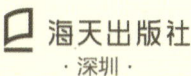

图书在版编目（CIP）数据

我是小小演说家.1/郭晓婷,周小君著.—深圳：海天出版社,2018.11
ISBN 978-7-5507-2474-7

Ⅰ.①我… Ⅱ.①郭… ②周… Ⅲ.①语言教学—学前教育—教材 Ⅳ.①G613.2

中国版本图书馆CIP数据核字(2018)第231040号

我是小小演说家①
WO SHI XIAOXIAO YANSHUOJIA

出 品 人	聂雄前
责任编辑	涂玉香 张绪华
责任技编	梁立新
装帧设计	线艺设计 电话 83460339

出版发行	海天出版社
地　　址	深圳市彩田路海天综合大厦7-8层（518033）
网　　址	www.htph.com.cn
订购电话	0755-83460397（批发） 83460239（邮购）
设计制作	深圳市线艺形象设计有限公司　0755-83460339
印　　刷	深圳市希望印务有限公司
开　　本	787mm×1092mm 1/32
印　　张	4.75
字　　数	64千
版　　次	2018年11月第1版
印　　次	2018年11月第1次
定　　价	25.00元

版权所有，侵权必究。
凡有印装质量问题，请与本社联系。

縱橫大同

横平竖直书写经典传承

阴阳上去演说精彩人生

前　言

这套书是用来阅读的，也是用来练习和实践的！

如果你是初次翻开这套书，也许会觉得书中绕口令、经典诵读等内容并不陌生，在其他书籍中也有类似内容。但如果通读整套训练教程，你就会发现，正是所有的内容集合在一起才能保障整个幼儿阶段语言口才训练学习的系统性和完整性。

所以，下面说的话，都是基于系统性和完整性所做的论断：

这套书是一名医生——能够快速发现孩子语言发展方面的短板。每个人在学习语言之前，尤其是开始系统化学习母语之前，都会受到不同因素的影响，如家庭影响、地域影响以及不同方言和语言习惯的影响，所以短板也各有不同。基于教程的完整性，可以帮助孩子找出短板，重点补齐。

这套书是一名教练——每个人的兴趣都不同，在语言方面表现出的优势也不一样。本书丰富的形式，将多样化、立体化地指引孩子在语言表达方面的学习。

这套书是一把标尺——从有声语言的诞生到现在，大约经历了200万年的演化，在今天已经形成了比较成熟和规范的体系，所以在幼儿初学语言时，更应注重共性、规范性的培养。

这套书是一块"补天彩石"——目前学校语文教育依然是注重"写"，而忽视"听、说、读"。当然，近年来这一情况有所改观，但就总体状况而言，依然任重而道远。本书以有声语言表达为主，有效弥补了现行教育体系的不足。

本套幼儿语言教程的出版，是作者根据十多年的教学经验总结而成的，并对积累的教学素材进行了分级、分类、整理及编撰，又在课堂中进行了实践和验证，使其在老师或家长用于辅导孩子学习时，体现出非常强的可操作性。

与市场上同类教材相比，本套语言口才教程具有以下特色：

一、体系完整：语言的学习是一个完整的过程，从牙牙学语到出口成章基本都要经历形象模仿、读书识字、阅读累积、抽象转化、语感培养和建立语言思维体系等一整套过程。幼儿阶段侧重于形象表演和抽象思维的建立，这一特点在本教材中都集中体现出来了。

二、课程化设置：一般教材设置的学习任务量为每学期16—18单元，本教材根据实际情况设置为12单元，以便空出4单元的时间用于节目排练、演出和复习巩固。相信有教学经验的老师和家长都认可一个观念：舞台表演是语言类教学体系中的一个重要内容，是培养和建立孩子自信心的重要手段。

三、专业性与趣味性并重：

1.基础语音方面：三册教材中的绕口令和儿歌等练习材料涵盖了普通话声、韵、调、儿化等全部内容，注重专业教学。同时在体裁上摒弃了成人普通话相对单调的学习模式，以短小精悍、故事性和趣味性强的内容为主，以确保幼儿学习的持续性。如果能完成教材中的练习，基本可以保证孩子在进入小学前，奠定扎实的发音基础。

2.语言技巧方面：每篇练习材料重点突出、目标明确，涵盖了语言技巧中的重音、节奏、停连、语气和用气发声等技巧，同时有计划地编入了古典诗词等经典内容，让孩子的内部语言素养和外部语言技巧在学习练习中能够同步提升。

3.科学用气发声的内容贯穿始终：针对目前幼儿阶段普遍存在童声较重、发音位置较高现象，以及南方地区的孩子发音位置普遍靠前等问题，本书在基础练习材料中适当加大了 ang、eng、ing、ong 等后鼻音的练习，帮助孩子从小练就好声音。

四、形式丰富、递进深入：开车的人都会发现，在道路两边的绿化树木不会是单一的树种，每隔一段就会有其他树种。这样的设计既照顾了视觉的美观，又适度造成了视觉冲击，避免了因视觉疲劳而引起的疲劳驾驶。本教材的编排就是借鉴了这一原理，将常见的语言表现形式，如朗诵、演讲、经典诵读、相声、舞台剧等穿插安排，并分章节逐步递进运用，形式多样，趣味十足。

自 序

演说是一种能力，而不是一种知识。知识和能力之间有一座桥梁，那就是练习，通过练习能让知识转化为能力。

本书中有大量完整的素材能够帮助孩子强化口头表达练习。

但演说不仅需要技巧和能力，还需要内在的文化积淀和道德品质。技巧的掌握或早或晚，只要方向正确终究可以抵达目的地，而内在的积淀和品质才是决定一个人演说水平高低的关键，正所谓"外化于形，内化于心"。

现在每每回忆起大学时代的导师、共和国演讲事业的奠基人、《演讲与口才》杂志创刊人邵守义教授时，当年他演讲时的场景已然在记忆中变得模糊，但我仍清晰地记得老爷子当年在学校时，为我们是否买到了一张回家的火车票而操心。"非典"肆虐时，和我们一起抗击"非典"，监督我们这些有点小叛逆的孩子吃干净食物，增强抵抗力……

教过的孩子多了，就会发现一个普遍的规律，从孩子身上基本可以观察到其父母的影响和家庭教育。

一个人的能力再强，也要认真对待每一次课堂和教学；心存善念的传道授业，尚需殚精竭虑。这应成为每一名老师、培训师心中最大的敬畏。这是已经超越了职业、行业的敬业精神，因为毕竟每一次教学都是一个生命对另一个生命产生影响的活动。

基于上述原因，本书的面世其实经历了漫长的过程，这一漫长并不在于写作和创编的过程，而主要体现在每一个要点、每一项内容都是在课堂和教学中，根据孩子的掌握情况和接受能力进行验证和调整完成的，因此这一部分是成书前耗时最多之处。

下一步我们将会继续推出青少年阶段演说训练图书，但基于上述原因，可能依旧需要用相对长的时间来进行磨合、验证和调整。我们不会急于求成，因为我们始终坚信教育不是快餐，没法一口吃成胖子，但我们衷心希望书中的每一口"食物"，最后都能转化为孩子生命中的营养。

特别感谢以下单位和机构对本书给予的支持：

《演讲与口才》杂志社

中国语文报刊协会演讲与口才分会

深圳市布吉街道办事处朗诵演讲协会

深圳纵横大同文化传播公司

感谢一直以来关注语言艺术教育发展的各界人士！欢迎和我们有共同理念的老师、家长及社会同仁加入我们！让我们一起点亮孩子语言发展的星星之火，使其引燃中华文明传承的明灯，并燃起中国人文化自信的熊熊烈焰！

目 录

上 编

第一单元

1. 开心门：观察模仿能力训练——猫、老鼠和主人 …………… 4
2. 练胆识：自我介绍 ………………………………………… 5
3. 诵经典：咏鹅 ……………………………………………… 6
4. 律动表演：做手影 ………………………………………… 7
5. 读儿歌：走路 ……………………………………………… 8
6. 角色扮演：宝宝当医生 …………………………………… 9
7. 单元练习：说说动物 ……………………………………… 11

第二单元

1. 练仪态：坐姿 ……………………………………………… 14
2. 练基本功：开口腔 ………………………………………… 15
3. 诵经典：弟子规（节选）………………………………… 16
4. 律动表演：做早操 ………………………………………… 17
5. 读儿歌：人穷志不短 ……………………………………… 18
6. 角色扮演：小伙伴摔倒了 ………………………………… 19
7. 单元练习：说说形状 ……………………………………… 21

第三单元

1. 开心门：注意力及站姿、走姿训练——— 一二三木头人 … 24
2. 模仿描述：我的假期……………………………………… 25
3. 诵经典：静夜思…………………………………………… 26
4. 律动表演：生肖歌………………………………………… 27
5. 读儿歌：玉米……………………………………………… 28
6. 角色扮演：妈妈生病了…………………………………… 29
7. 单元练习：说说礼貌用语………………………………… 31

第四单元

1. 练仪态：站姿……………………………………………… 34
2. 练基本功：唇打响——小鸭子…………………………… 35
3. 诵经典：弟子规（节选）………………………………… 36
4. 律动表演：我们一起来运动……………………………… 37
5. 读儿歌：会叫的鞋子……………………………………… 38
6. 角色扮演：狼来了………………………………………… 39
7. 单元练习：说说量词……………………………………… 42

第五单元

1. 开心门：反应力训练——大西瓜、小西瓜 …………… 44
2. 模仿描述：这是什么车…………………………………… 45
3. 诵经典：登鹳雀楼………………………………………… 46
4. 肢体表演：爸爸的眼睛…………………………………… 47

5. 读儿歌：关公面前耍大刀 ················ 48
6. 角色扮演：宝宝问问题 ················ 49
7. 单元练习：说说眼睛 ················ 51

第六单元

1. 练仪态：上台 ················ 54
2. 练基本功：舌打响——小和尚 ················ 55
3. 诵经典：弟子规（节选） ················ 56
4. 肢体表演：捅马蜂窝 ················ 57
5. 读儿歌：新年好 ················ 58
6. 角色扮演：寒号鸟 ················ 59
7. 单元练习：说说春节 ················ 61

下 编

第一单元

1. 开心门：主动性训练——抱团 ················ 66
2. 即兴描述：我最喜欢的人 ················ 67
3. 诵经典：春晓 ················ 68
4. 律动表演：弹钢琴 ················ 69
5. 读儿歌：月亮光光 ················ 70
6. 角色扮演：龟兔赛跑 ················ 71
7. 单元练习：反着说 ················ 73

第二单元

1. 练仪态：走姿 ································ 76
2. 练基本功：开牙关——小绵羊 ············· 77
3. 诵经典：弟子规（节选）···················· 78
4. 律动表演：哈哈镜 ··························· 79
5. 读儿歌：大象装哑巴 ························ 80
6. 角色扮演：爸爸妈妈吵架了 ················ 81
7. 单元练习：说说象声词 ····················· 83

第三单元

1. 开心门：观察力训练——第一印象 ········ 86
2. 即兴描述：我最喜欢的季节 ················ 87
3. 诵经典：清明 ································ 88
4. 肢体表演：下雨了 ··························· 89
5. 读儿歌：泥娃娃 ····························· 90
6. 角色扮演：宝宝点菜 ························ 91
7. 单元练习：说说四季 ························ 93

第四单元

1. 练仪态：走下台 ····························· 96
2. 练气息：小汽车 ····························· 97
3. 诵经典：弟子规（节选）···················· 98
4. 肢体表演：急救电话歌 ······················ 99
5. 读儿歌：耳朵塞鸡毛 ························ 100

6. 角色扮演：小老师·················· **101**
7. 单元练习：说说交通标识············· **103**

第五单元

1. 开心门：想象力训练——见色或见形说物······ **106**
2. 即兴描述：我的儿童节················ **107**
3. 诵经典：悯农 ····················· **108**
4. 肢体表演：老鼠偷瓜················· **109**
5. 读儿歌：儿童节···················· **110**
6. 角色扮演：我是小主人················ **111**
7. 单元练习：说说蔬菜水果··············· **113**

第六单元

1. 练表情：小佳佳···················· **116**
2. 练气息：小花狗···················· **117**
3. 诵经典：弟子规（节选）··············· **118**
4. 肢体表演：画圈圈··················· **119**
5. 读儿歌：月亮光光··················· **120**
6. 童话剧：拔苗助长··················· **121**
7. 诗歌朗诵：······················· **125**
　　我也变成春娃娃················· **125**
　　绿绿的树 蓝蓝的湖··············· **126**
　　泥土里的宝贝··················· **127**
　　大象和小羊···················· **128**

8. 讲故事： …………………………………………… **129**
　贪心的老虎 …………………………………………… **129**
　鹅妈妈买鞋 …………………………………………… **130**
　聪明的毛驴 …………………………………………… **131**

上编

第一单元

1. 开心门

观察模仿能力训练——猫、老鼠和主人

当老师说:"老鼠出窝觅食啦!"

小朋友们像老鼠一样安静地走起来;

当老师说:"小猫发现老鼠了!"

小朋友们学着猫的样子瞪大眼睛;

当老师说:"主人开门回来了,砰!"

小朋友们马上站好。

在游戏的过程中,小朋友们要模仿老鼠、猫不同的眼神、动作和声音。

2. 练胆识

自我介绍

做介绍,要大方,走上台,先问好。
报上名,几岁了,来自哪,爱好啥。

【模板】

大家好,我的名字叫 _____,
今年 ____ 岁了,我来自 _____ 幼儿园 ____ 班,
我的爱好是 _____。
今天我给大家带来的节目是 _____,
希望大家喜欢,谢谢!

3. 诵经典

咏 鹅

骆宾王

鹅，鹅，鹅，
曲项向天歌。
白毛浮绿水，
红掌拨清波。

4. 律动表演

做手影

兔来了,狼来了,
螃蟹爬上墙来了。
电灯一关都跑了,
电灯一开又来了。

5. 读儿歌

走 路

大虾走路弯弯腰，鱼儿走路尾巴摇。

海蜇撑把降落伞，螃蟹总爱横着跑。

河蚌走路扇扇子，老鳖背着大炒瓢。

乌贼会放烟幕弹，遇见敌人快快逃。

6. 角色扮演

宝宝当医生

目的：角色扮演是为了锻炼孩子在特定场合以及在陌生人面前的口语表达能力，使幼儿能够通过实践，巩固和提升运用语言的能力，同时也为幼儿提供与人交往的丰富体验。

道具：椅子一把、小号医生服

角色：一个小朋友扮演病人，另一个小朋友扮演医生

病人：医生叔叔，我发烧了，不舒服！

医生：(仔细检查后)没事，你感冒了，打完针后吃点药就好了！

病人：叔叔，打针疼吗？

医生：不疼不疼，勇敢的孩子都不怕打针。

病人：我是勇敢的孩子，我不怕打针，疼也不怕。

医生：你真是个勇敢的孩子！

病人：谢谢叔叔。

医生：你这么勇敢，回家要听爸爸妈妈的话，多喝水，按时吃药，很快就好了。

病人：谢谢您，我一定听话。

7. 单元练习

说说动物

（1）请小朋友们说一说本单元中出现了哪些动物名称？

（老鼠、猫、鹅、兔、狼、螃蟹、大虾、鱼儿、海蜇、河蚌、老鳖、乌贼）

（2）请小朋友来讲述一下以上动物的长相、生活习性等。

如：老鼠长着灰色的毛、细长的尾巴、小小的眼睛、圆圆的小耳朵，它喜欢偷吃粮食，通常在晚上出来活动。

第二单元

1. 练仪态

坐 姿

坐着就像一口钟,

小小膝盖紧相并,

眼看前方背挺直,

不倚不靠不坐歪。

2. 练基本功

开口腔

小宝宝,犯困了,
打个哈欠,啊啊啊……
小宝宝,肚子饿,
啃个苹果,嗷嗷嗷……

3. 诵经典

弟子规（节选）

将入门，问孰存。

将上堂，声必扬。

人问谁，对以名。

吾与我，不分明。

【译文】去别人家里，应该先敲门，问有没有人在家，主人同意后才能进入。走进正屋，要大声和主人打招呼。别人问你是谁，要把自己的姓名告诉他，如果只说"是我"，对方会分不清你是谁。

4. 律动表演

做早操

早上空气真是好，

我们都来做早操。

伸伸臂，弯弯腰，

踢踢腿，蹦蹦跳，

天天锻炼身体好。

5. 读儿歌

人穷志不短

有个好少年，

身穿破衣衫，

人穷志不短，

天天早上舞宝剑。

6. 角色扮演

小伙伴摔倒了

目的： 安慰别人是人际交往中一个很重要的技巧。通过角色扮演，从小教导孩子学会安慰别人，这既是在培养他的语言能力，也是在培养他关心他人的品格。

道具： 玩具一个，大红花一朵

角色： 爸爸扮演摔倒的小伙伴

　　　　宝宝扮演扶起小伙伴的人

爸爸：好疼，好疼，呜呜呜！

（宝宝跑过来扶起爸爸）

宝宝：不怕，不怕，让我看看，有没有磕破皮。

爸爸：嗯。

宝宝：没事，没事，没磕破皮。

爸爸：呜呜呜，可是我还是很疼！

（宝宝拿出玩具）

宝宝：没事，一会儿就不疼了。我们一起玩玩具吧，这个玩具可好玩了！给你！

（爸爸止住哭泣）

爸爸：好啊！谢谢你帮助我，你是我最好的朋友！

宝宝：不客气！

妈妈：宝宝知道帮助小朋友了，妈妈要奖励你一朵大红花！

宝宝：谢谢妈妈！

7. 单元练习

说说形状

（1）趣味组词：红（　） 天（　）

　　　　　　　大（　） 风（　）

　　　　　　　叶（　） 月（　）

（2）认知及联想游戏：

下面这些图片中的物品分别是什么形状呢？

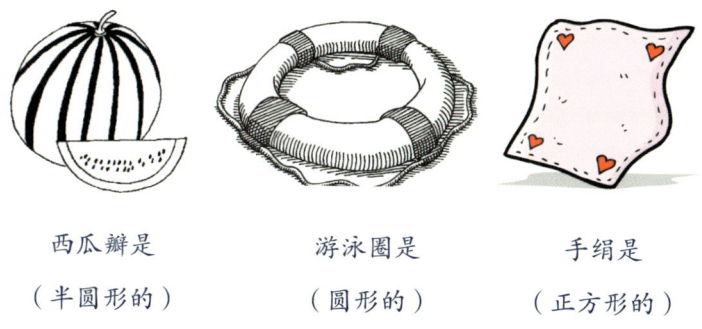

西瓜瓣是　　　　游泳圈是　　　　手绢是

（半圆形的）　　（圆形的）　　　（正方形的）

请小朋友们想一想：还有什么东西是半圆形、圆形、正方形的，并用语言表达出来，如能带有生动的语言表达就更好了！如"太阳是圆形的，它像一个红灯笼。"

第三单元

1. 开心门

注意力及站姿、走姿训练
——一二三木头人

选一位领头人,其他人跟在领头人后面。当老师喊"一二三"时,所有人开始走动;当老师喊"木头人"时,停止不动(按标准站姿站定),谁动了就要根据老师的要求表演上节课所学的内容。

2. 模仿描述

我的假期

【举例】

芳芳的假期过得很快乐,她和爸爸妈妈去了爷爷家过春节,他们还一起去爬山!

君君的假期很有趣,他和爸爸妈妈去了海南,他们一起到海边游泳!

【模板】

我的假期＿＿＿＿＿,我和＿＿＿＿＿去了＿＿＿＿,我们一起＿＿＿＿＿。

3.诵经典

静夜思

李白

床前明月光,
疑是地上霜。
举头望明月,
低头思故乡。

4. 律动表演

生肖歌

老鼠前面走,
跟着老黄牛。
老虎一声吼,
兔子抖三抖。
天上龙在游,
草里蛇在扭。
马儿过山沟,
碰见老羊头。
猴子**翻**筋斗。
金鸡喊加油。
黄狗半夜守门口,
肥猪整天睡不够。

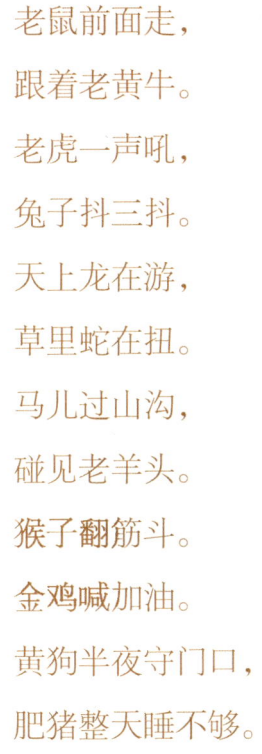

5. 读儿歌

玉 米

有个老头子，

头上长胡子，

脱下绿袍子，

满身是珠子。

6. 角色扮演

妈妈生病了

目的： 懂得照顾别人的人，会更受欢迎。通过角色扮演，从小培养孩子照顾他人的能力，培养孩子关心他人的良好品质，这对孩子未来的人际交往来说是十分有益的！

道具： 体温计一支，水杯一个，大红花一朵。

角色： 妈妈扮演病人，宝宝扮演照顾病人者。

妈妈：感觉有点头疼呢,我可能生病了。

宝宝：妈妈不舒服吗?快坐下休息一会儿吧!

妈妈：好的。

(宝宝去拿体温计)

宝宝：妈妈,快量一下体温吧!要是发烧了,要赶紧吃药!

(妈妈量完体温)

妈妈：可能是感冒了!还好,没发烧。

宝宝：那要多喝水,我去给您倒水!

妈妈：好的。

(宝宝端着水杯给妈妈)

宝宝：妈妈喝水,喝完水睡一觉就好了!

妈妈：宝宝真乖,懂得照顾别人了,妈妈要奖励你一朵大红花!

7. 单元练习

说说礼貌用语

（1）请小朋友说一说以下两种做法哪种好？为什么？

　　路上见到阿姨，主动说："阿姨好！"

　　去幼儿园，见到老师，低着头不说话，假装没看见。

（2）现场演练：遇到小朋友或遇到老师、长辈等时，看看每个小朋友是如何表现的？

第四单元

1. 练仪态

站 姿

站着要像一棵松,
男孩儿小小八字步,
女孩儿小小丁字步。
眼平视、肩平齐、臀收紧,
挺胸收腹才叫美!才叫美!

2. 练基本功

唇打响
—— 小鸭子

小鸭子，扁扁嘴，
一二三，动起来。
（ba、ba、ba……）

3. 诵经典

弟子规（节选）

步从容，立端正。

揖深圆，拜恭敬。

勿践阈(yù)，勿跛倚。

勿箕踞，勿摇髀(bì)。

【译文】行走时从容稳重，不着急，不慌张；站立时要端正有站相，不弯腰驼背、垂头丧气。问候他人时，不论鞠躬或拱手都要真诚恭敬，不能敷衍了事。进门时脚不要踩在门槛上，站立时身体不要歪歪斜斜，坐着时不可以伸出两腿，腿更不可以抖动，这样才是优雅宜人的姿态。

4. 律动表演

我们一起来运动

握紧拳头，

打开拳头，

拍拍手掌，

面带微笑，

胳膊上举，

表达兴奋，

双手打开，

拥抱观众，

没有做好，

就要重来！

5. 读儿歌

会叫的鞋子

我的鞋子真好笑,
走起路来吱吱叫,
小猫把我当老鼠,
跟在后面喵喵叫。

6. 角色扮演

狼来了

目的：通过角色扮演，不仅能加深孩子对《狼来了》这个故事的印象，还能锻炼孩子的表演天赋。同时，给孩子灌输不能骗人的观念，有利于他将来的成长。另外，在表演时不要拘泥于细节，应该鼓励孩子发挥想象力。

道具：塑料棒一根、大红花一朵

角色：宝宝扮演放羊娃，爸爸扮演大灰狼，妈妈扮演农夫。

宝宝：狼来了，狼来了……

（妈妈拿着塑料棒上）

妈妈：在哪里，在哪里？

宝宝：(大笑)你上当了，我是骗你的！

妈妈：骗人是不对的！

（妈妈离开）

宝宝：救命啊，狼来了，狼来了！

（妈妈再次拿着塑料棒上）

妈妈：狼在哪儿？

宝宝：你又上当了！我还是在骗你！

（妈妈生气地离开）

妈妈：以后再也不上你的当了！

（爸爸上）

爸爸：嗷呜，有一个小孩，我要吃了他！

宝宝：狼来了，狼来了！

（妈妈在房间的另一边）

妈妈：哼，又在骗人，这次我可不上当了！

宝宝：我再也不骗人了，快来救救我啊，这次真是狼来了！

（妈妈拿着塑料棒上，把爸爸赶跑了）

宝宝：谢谢你，我以后再也不骗人了！

妈妈：我相信你。能知错就改的孩子是好孩子，我要奖励你一朵大红花！

7. 单元练习

说说量词

一张桌子两杯茶，
三棵柳树四朵花，
五条鱼儿水中游，
六只鸭子岸上耍，
七本书，八幅画，
九面彩旗呼啦啦，
十个娃娃排排坐，
滴滴答答吹喇叭。
这些量词要记清，
千万不要弄混它。

小朋友们，你还可以说出哪些量词呢？请在下节课的时候说给老师和班级同学听吧！

第五单元

1. 开心门

反应力训练
—— 大西瓜、小西瓜

当老师说"大西瓜"时，
小朋友们要说"小西瓜"，
并做出比画小西瓜的动作；
当老师说"小西瓜"时，
小朋友们要说"大西瓜"，
同时做出比画大西瓜的动作。

2. 模仿描述

这是什么车

【举例】

这是一辆消防车，
它正在赶去灭火。

【模板】

这是一辆 _____ 车，
它正在 _____ 。

3. 诵经典

登鹳雀楼

王之涣

白日依山尽，
黄河入海流。
欲穷千里目，
更上一层楼。

【译文】夕阳西沉，渐渐没入连绵的群山；黄河奔腾，汇入浩瀚的大海。虽然眼前一片壮阔，但想要打开视野，看得更清更远，还要再登上一层高楼。

4. 肢体表演

爸爸的眼睛

爸爸高兴,眯起眼睛;

爸爸生气,瞪起眼睛;

爸爸苦恼,闭起眼睛。

5. 读儿歌

关公面前耍大刀

老高觉得武艺高,

关公面前耍大刀。

总共耍了两三招,

关公觉得挺可笑,

一脚踢得老高三丈高!

你说三丈高的老高高不高?

6. 角色扮演

宝宝问问题

目的：向同学请教问题，是孩子以后经常会遇到的事情。通过角色扮演，告诉孩子，不管别人能不能帮助我们解答，都应该礼貌相待。这也是在潜移默化地培养孩子礼貌待人的好习惯。

道具：书本一册，大红花一朵

角色：妈妈和爸爸分别扮演宝宝的两个同学。

（宝宝拿着书本）

宝宝：佳明，打扰一下。这个字我不认识，你认识吗？

爸爸：不好意思，我也不认识。

宝宝：没关系，我再去问问别的同学。

宝宝：莉莉，打扰一下。这个字我不认识，你认识吗？

妈妈：哦，这个字啊，念（diàn），闪电的电。

宝宝：谢谢你，你真棒！

妈妈：不客气。你真有礼貌，我要送你一朵大红花！

7. 单元练习

说说眼睛

（1）快乐表达：说说形容眼睛的词或句子。

【举例】

圆圆的眼睛像葡萄，迷人的眼睛像星星……

（2）说说爸爸或妈妈开心、生气、烦恼时的眼神和表情吧。

【举例】

我的爸爸生起气来真可怕，他的眼睛瞪得大大的，像要喷出火来。

当爸爸夸奖我的时候，眼睛眯成一条缝，像小月牙。

第六单元

1. 练仪态

上 台

走上台，练口才，
步伐稳，不紧张。
口齿清，声音亮，
先鞠躬，再问好。

2. 练基本功

舌打响——小和尚

小和尚，敲木鱼，
嘚嘚嘚嘚响起来。

（舌打响：嘚嘚嘚嘚）

3. 诵经典

弟子规（节选）

父母呼，应勿缓。

父母命，行勿懒。

父母教，须敬听。

父母责，须顺承。

【译文】在家中，父母叫我们时，应该一听到就立刻回答，不要慢吞吞地答应。父母有事要我们去做，要赶快行动，不要借故拖延。父母教导我们时，要恭敬地聆听。父母责备我们时，应当虚心接受。

4.肢体表演

捅马蜂窝

老罗爱惹祸,
捅了马蜂窝。
马蜂蜇老罗,
老罗跳下河。
你说老罗该蜇不该蜇?

5. 读儿歌

新年好

新年到,放鞭炮,
小朋友们蹦蹦跳。
舞龙灯,踩高跷,
丰收新年真热闹。
迎财神,接元宝,
见面都说新年好。

6. 角色扮演

寒号鸟

目的： 通过角色扮演告诉孩子，做事不要拖沓，而应该马上行动。家长还应该告诉孩子，要多听别人的意见，不能像寒号鸟这样不听别人的忠告。如果孩子顺利完成表演，请奖励他一朵大红花。

道具： 寒号鸟和喜鹊的头饰各一个、大红花一朵。

角色： 宝宝和妈妈分别扮演寒号鸟、喜鹊，爸爸念旁白。

旁　　白：喜鹊和寒号鸟是邻居。冬天快要到了，喜鹊每天都飞出去，寻找树枝，忙着垒窝。寒号鸟每天都晒着太阳睡大觉。

喜　　鹊：寒号鸟，别睡了，天气这么好，赶快垒窝吧！

寒号鸟：喜鹊，你不要吵，太阳这么好，正好睡觉！

旁　　白：到了冬天，寒风呼呼地吹。

喜　　鹊：住在新垒的窝里，好温暖啊！

寒号鸟：哆罗罗，哆罗罗，寒风冻死我，明天就垒窝！

旁　　白：第二天早上，太阳出来了，温暖的阳光照在大地上。

喜　　鹊：寒号鸟，趁着天气好，赶快垒窝吧！

寒号鸟：这么暖和的天气，哪用垒窝，我要美美地睡一大觉！

旁　　白：冬天的夜晚越来越冷，还下起了大雪！

喜　　鹊：外面下雪了，不知道寒号鸟怎么样了？

寒号鸟：哆罗罗，哆罗罗，冻死我了。真该听喜鹊的话啊……

7. 单元练习

说说春节

（1）表达游戏：小朋友们，看看下面几幅图，想一想哪几幅是说春节的呢？并用自己的语言描绘每一幅画面。

（2）说说春节的由来。

下编

1. 开心门

主动性训练——抱团

　　小朋友们把自己想象成钢琴的黑键或白键,围成一个大圆圈,跟着音乐的节奏顺时针转动起来,音乐快就要快些走,音乐慢下来就要慢慢走。当音乐停下来,老师说:"三个白键抱一起或三个黑键抱一起",三个同学就要自由组合、抱团在一起……

2. 即兴描述

我最喜欢的人

小朋友，你最喜欢的人是谁呢？请用语言描述一下他的长相、性格等，还有说说为什么喜欢他。

3. 诵经典

春 晓

孟浩然

春眠不觉晓,
处处闻啼鸟。
夜来风雨声,
花落知多少。

【译文】春夜酣睡,天亮了也不知道,醒来只听到处处有鸟儿啼叫。想起昨夜里风声紧,雨声潇潇,花儿不知道被打落了多少。

4. 律动表演

弹钢琴

大白牙，小黑牙，
咿咿呀呀学说话，
声音有高也有低，
我弹你唱乐无比。
Do Re Mi Fa So La Si

5. 读儿歌

月亮光光

月亮光光,
装满筐筐,
抬进屋去,
全都漏光。

6. 角色扮演

龟兔赛跑

目的：角色扮演可以把想象中的事物与现实中的事物联系起来，不但有助于培养孩子的想象力、观察力和模仿能力，还能让孩子学会换位思考，提升其人际交往能力。通过模仿龟兔赛跑，让孩子明白"虚心使人进步、骄傲使人落后"的道理，并引导孩子不要嘲笑别人，而应该尊重每一个人。

道具：兔子、乌龟的头饰各一个、大红花一朵。

角色：宝宝和爸爸分别扮演小兔子、乌龟。

小兔子：乌龟啊，你爬得真慢啊！要不，我们赛跑吧！

乌　龟：我才不跟你赛跑呢！

小兔子：乌龟，乌龟，爬爬爬，一早出门采花；乌龟，乌龟，走走走，傍晚还在门口。

乌　龟：哼，你别看不起人。赛跑就赛跑，我们开始吧！

（爸爸模仿乌龟的动作，向终点爬去。）

小兔子：乌龟爬得太慢了，我就算睡一觉也能追上它！好困啊，我要先睡一会儿。

（宝宝伸伸懒腰，模仿睡醒的动作）

小兔子：啊，乌龟都快爬到终点了！我要赶紧追上它！

（宝宝模仿小兔子奔跑的动作，但是爸爸先到了终点。）

乌　龟：我虽然爬得慢，但一步一步不停地爬，总能到达终点。

小兔子：我以后再也不嘲笑别人了，再也不睡懒觉了！

7. 单元练习

反着说

（1）要求描述反义词时，其前面的名词是同一类事物。

【举例】

篮球大，乒乓球小；葡萄多，樱桃少；长颈鹿高，小绵羊矮。

（2）反过来说你会吗？

【举例】

风筝比蜻蜓飞得高。

反过来说：蜻蜓比风筝飞得低。

火车比汽车跑得快。

反过来说：汽车比火车跑得慢。

第二单元

1. 练仪态

走 姿

抬起头，挺起胸，

双肩平，目平视，

匀甩臂，步轻盈，

不冲撞，不抢行。

【提示】演讲者一出场，从后台走到讲台，虽然还没开口说话，但通过其走姿，观众已经对演讲者产生了第一印象，所以，一定要注意走姿的规范。

2.练基本功

开牙关——小绵羊

小绵羊,吃青草,

嚓嚓嚓,嚓嚓嚓。

(牙关打响)

3.诵经典

弟子规(节选)

亲有过,谏使更,

怡吾色,柔吾声。

谏不入,悦复谏,

号泣随,挞无怨。

【译文】如果父母有了过失,子女应当耐心地劝说使其改正。在劝说时,态度一定要和颜悦色,声音一定要柔和。如果父母不肯接受劝说,就等他心情好时再劝。如果父母还是不听,也要哭泣恳求,即使因此而遭到鞭打,也毫无怨言。

4. 律动表演

哈哈镜

快来照,快来照,

一照你就哈哈笑。

这么圆,这么扁,

这么大,这么小。

小猫跑到镜子前,

以为老虎跑来了。

喵呜一声就逃跑。

5. 读儿歌

大象装哑巴

"谁的鼻子比我长?谁的耳朵比我大?"

"谁的牙齿比我长?谁的脚板比我大?"

大象连连说大话,大鲸鱼听了笑哈哈:

"你别夸,你别夸,咱先比比谁个儿大!"

大象一见傻了眼,躲在树后装哑巴。

6. 角色扮演

爸爸妈妈吵架了

目的：通过本次角色扮演，让孩子学会换位思考，提升孩子的人际交往能力，初步培养孩子解决矛盾纠纷的能力，增进家庭关系，对孩子的成长很有帮助。

道具：大红花一朵。

人物：宝宝和爸爸、妈妈。

（爸爸妈妈吵架，被宝宝看见了。）

宝宝：爸爸妈妈，你们不要吵架了好不好？

妈妈：都怪你爸爸，做错了事还不肯道歉！

爸爸：我又不是故意的，是你乱发脾气！

宝宝：爸爸，您不是经常跟我说，做错了事要主动道歉吗？您跟妈妈说声对不起，好吗？

爸爸：好吧！对不起！

宝宝：妈妈，您不是经常教育我，要和小伙伴们和睦相处吗？您不要再怪爸爸了，好吗？

妈妈：好吧。宝宝真乖，爸爸妈妈要送你一朵大红花。

宝宝：谢谢爸爸妈妈，我们一家人要和睦相处！

7. 单元练习

说说象声词

（1）说说什么事物会发出以下声音，把它补充成完整的一句话吧！

呼呼、扑通、喵呜、咔嚓、嗡嗡嗡、嘻嘻嘻、轰隆隆、哗啦啦、噼里啪啦、嘀嗒嘀嗒、叽里咕噜、叮叮当当、乒乒乓乓。

【举例】

北风吹来呼呼响。

过大年，到处都是噼里啪啦的鞭炮声。

_____

_____

（2）《诗经》中的拟声词，有用于形容水声、虫声、鸟声、风声、雨声、车马声和钟鼓声的，请爸爸妈妈一起陪小朋友找找看。

_____

_____

第三单元

1. 开心门

观察力训练——第一印象

两个同学为一组,每人仔细观察自己的搭档两分钟,之后彼此转过脸去提问,如"你的小伙伴今天的发型是什么样子的?""他的衣服上有没有纽扣?"这样一些具体的问题。

2.即兴描述

我最喜欢的季节

我最喜欢＿＿＿＿＿＿＿（季节描绘），＿＿＿＿＿＿＿（可以做什么）。

【举例】

我最喜欢春天，春天到了，天气渐渐暖和了。小树长出了嫩叶，小草露出了小脑袋……在春天里，我们可以去踏青、放风筝。

3. 诵经典

清 明

杜牧

清明时节雨纷纷,

路上行人欲断魂。

借问酒家何处有?

牧童遥指杏花村。

【译文】清明节这天细雨纷纷,路上行人怀念逝去的亲人,伤心欲绝。问牧童哪里才有酒家,他指了指远处的杏花村。

4.肢体表演

下雨了

轰隆隆,下雨了。

小白兔说:"真好!真好!我要回家睡大觉!"

小蚂蚁说:"不好!不好!我的家会被冲倒!"

小鸭子说:"真棒!真棒!我要去水里洗澡!"

小公鸡说:"太糟!太糟!我的花衣服被淋湿了,不妙!"

5. 读儿歌

泥娃娃

泥娃娃，说大话，
"大风大雨我不怕"，
说完话，雨哗哗，
泥娃娃变成稀泥巴。

6. 角色扮演

宝宝点菜

目的：随着生活条件的提升，人们外出用餐的次数也越来越多，本次角色扮演，不但可以培养孩子文明用餐的好习惯，还能锻炼孩子的交际能力和口语表达能力。

道具：桌子、椅子各一张，盘子一个，菜单一份，记录本一本，大红花一朵。

角色：宝宝和妈妈分别扮演用餐者和服务员。

用餐者：阿姨您好！请给我来一份蛋炒饭！

服务员：好的，请问还有别的需要吗？

用餐者：没有了，谢谢！

服务员：请稍等！

（妈妈端上盘子）

服务员：你的蛋炒饭来了，请用餐！

（宝宝安静用餐完毕）

用餐者：请帮我把剩下的打包吧，谢谢！

服务员：好的，本店对所有不浪费的顾客都会奖励一朵大红花。这是你的花，欢迎下次光临！

用餐者：谢谢，下次见！

7. 单元练习

说说四季

（1）春、夏、秋、冬，每个季节都有不同的特点，小朋友们，快来说说它们都有什么不同吧。

___

___

___

（2）小朋友们，你知道完整的二十四节气歌吗？你了解我们祖国的传统文化吗？一起来读读下面这首诗吧！

春雨惊春清谷天，
夏满芒夏暑相连。
秋处露秋寒霜降，
冬雪雪冬小大寒。

第四单元

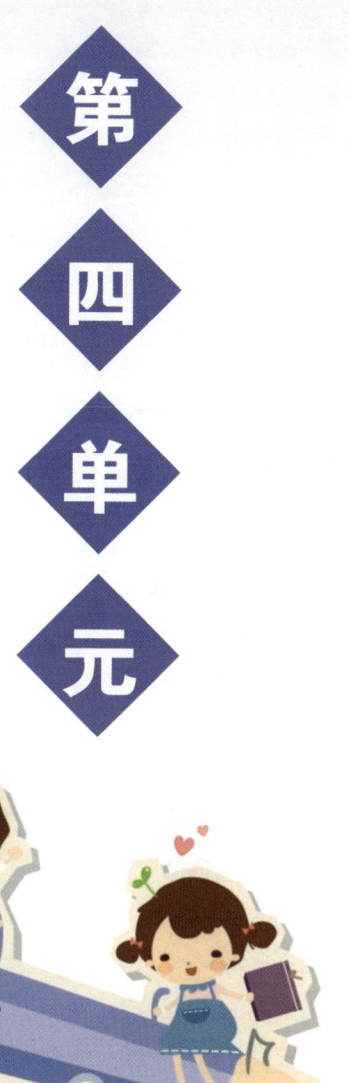

1. 练仪态

走下台

结束语,要放缓。
表演完,道谢谢。
面微笑,鞠个躬。
转身走,神自若。

2. 练气息

小汽车

小汽车,真勤劳,
穿大街,过小道,
每天载我去学校。
嘟嘟嘟……嘟嘟嘟……

3. 诵经典

弟子规（节选）

长呼人，即代叫，

人不在，己即到。

称尊长，勿呼名，

对尊长，勿见能。

【译文】听到年长者叫人时，应立即替他去叫。如果叫的人不在，自己就到年长者那里去，看看有什么事情需要去做。称呼长辈，不能直接叫他们的名字。长辈见识多、阅历深，要多听他们说话，不要自己夸夸其谈，表现出很有才能的样子。

4. 肢体表演

急救电话歌

小朋友，要知道，急救电话很重要。

110，报警用，专抓坏蛋一拨通。（情景表演：喂，警察叔叔吗？这里发生一起抢劫事件……）

119，是火警，发生火灾记心中。（情景表演：……）

120，急救号，一个电话就来到。（情景表演：……）

122，除障碍，维护秩序传递爱。（情景表演：……）

这些号码要记清，救人救己都能用。

治安报警电话

火警报警电话

急救电话

交通事故

5. 读儿歌

耳朵塞鸡毛

小华小华太可笑,
耳朵里边塞鸡毛。
汽车喇叭听不到,
结果压扁一只脚。

6. 角色扮演

小老师

目的：一来让小朋友学会换位思考，懂得认真听讲；二来锻炼小朋友的组织能力和沟通能力；三来把所学的坐姿、儿歌等知识换位复习一遍。

道具：教鞭、话筒。

人物：宝宝扮演老师，爸爸妈妈扮演学生。

老师：小朋友们，大家好！我是你们的语言艺术老师×××。

学生：老师好！（坐得东倒西歪）

老师：小朋友们请坐好！不要倚靠小板凳！首先我们一起来读一下坐姿歌吧……

学生：好的，老师！

老师：两位小朋友现在坐得很好！（学会鼓励赞美他人）今天我们要学习一首儿歌。首先，老师来给大家演示一遍（边说边表演），请小朋友们仔细聆听并且观察老师是如何做动作的。（爸爸妈妈跟着模仿学习）

学生：老师表演得真好！我们也要像老师一样勇敢表现自己！

7. 单元练习

说说交通标识

认识交通标识：小朋友们说一说，下边的标识都代表什么意思呢？

注意行人

注意危险

注意路滑

注意信号灯

禁止通行

禁止驶入

禁止行人通行

禁止非机动车通行

步行标志

人行横道标志

机动车车道标志

第五单元

1. 开心门

想象力训练——见色或见形说物

老师说出一种颜色或一个形状,小朋友根据老师所说的颜色或形状说出相关的物体

【举例】

老师说:绿色。

小朋友们说:草原、大树、叶子……

老师说:圆形。

小朋友们说:皮球、西瓜、月饼……

2. 即兴描述

我的儿童节

亲爱的小朋友,你喜欢过儿童节吗?你觉得儿童节最令人高兴的事情是什么呢?

3. 诵经典

悯 农

李绅

锄禾日当午,
汗滴禾下土。
谁知盘中餐,
粒粒皆辛苦。

【译文】中午的时候,农民在田地里除草,一滴滴的汗掉在了土地里。有谁能知道我们餐盘里的饭,每一粒都是通过辛苦劳作获得的。

4. 肢体表演

老鼠偷瓜

小老鼠,馋嘴巴,
顶着月光去偷瓜。
选个大的搬回家,
"咔嚓"一口咬下去。
嘴里苦,舌头麻,
原来是个大生瓜。

5. 读儿歌

儿童节

六一到,真热闹,

花儿开,彩旗飘。

小朋友们乐陶陶,

把歌唱来把舞跳。

爸爸妈妈拇指翘,

齐夸宝宝今(儿)最俏。

6. 角色扮演

我是小主人

目的：通过角色扮演，让小朋友当一次小主人，学会招待客人，锻炼其交际能力。

道具：水果、玩具、大红花一朵。

人物：宝宝和两位小朋友，其中一位小朋友扮演牛阿姨，另一位扮演牛牛。

（宝宝听到门铃响）

宝宝：牛阿姨、牛牛，你们好！欢迎来我家做客！快请进！

牛阿姨：谢谢你！你真有礼貌。

宝宝：请坐！这里有水果，可新鲜了，你们吃。

（说完拿起一个苹果递给了牛阿姨，又拿了一个递给牛牛）

牛牛：谢谢哥哥／姐姐！

宝宝：不客气！牛牛你真可爱，让我们的妈妈聊天，我们去房间玩玩具吧！

牛牛：好的。

牛阿姨：牛牛,我们要回家了!

(宝宝拉着牛牛的手)

宝宝：牛牛,欢迎你们下次再来我家玩!

牛牛：谢谢你,今天我玩得很开心!

牛阿姨：你很会照顾人,阿姨给你贴个大红花。

宝宝：谢谢阿姨!

7. 单元练习

说说蔬菜水果

（1）请小朋友们描述这些水果的颜色、形状、味道等，表达时最好有形容词或修辞句。

【举例】

苹果圆圆的、红红的，一口咬下去，甜滋滋的。

（2）蔬菜的颜色

妈妈买了一篮子蔬菜，里面有辣椒、白菜、丝瓜、莲藕、南瓜、茄子……说说它们分别有什么特点。

（ 红红 ）的辣椒　　　　　（　　　）的南瓜

（　　　）的茄子　　　　　（　　　）的白菜

（　　　）的丝瓜　　　　　（　　　）的莲藕

第六单元

1. 练表情

小佳佳

小佳佳，胃口大，
零食水果全拿下，
吃了一颗酸山楂，
又吃一个棒棒糖，
再吃一口小辣椒，
哎呀呀，肚子疼，
最后只能喝苦药。

【练习提示】这是训练酸甜苦辣表情的儿歌，孩子一边读这首儿歌，一边把吃到不同食物、不同味道时的表情表演出来。

2. 练气息

小花狗

小花狗，穿皮袄，

大热天，受不了，

哈哈……哈哈……

【提示】将舌头伸出嘴唇外，舌体集中，舌尖向前、左右、上下尽力伸展

3. 诵经典

弟子规（节选）

路遇长，疾趋揖，
长无言，退恭立。
骑下马，乘下车，
过犹待，百步余。

【译文】在路上遇到长辈时，要快步迎上前去行礼问候。如果长辈没有说什么，就要退在一旁恭恭敬敬地站立，等候指示。遇到长辈时，骑马的要下马，乘车的要下车。要等长辈离开百步后，自己才能上马或上车离开。

4. 肢体表演

画圈圈

左手画个金圈圈，

右手画个银圈圈，

左手右手一起画，

金圈套住银圈圈。

5. 读儿歌

月亮光光

月亮光光，挂在天上，像盏大灯，把天照亮。

月亮光光，掉到水上，像面镜子，摇摇晃晃。

月亮光光，坐在云上，时隐时现，躲躲藏藏。

月亮光光，照在窗上，宝宝乖乖，睡到天亮。

6. 童话剧

拔苗助长

时　　间：春天

地　　点：小精灵家

人　　物：小精灵、妹妹、葱苗若干

小精灵：小朋友们,老师让我们回家做个种植的实验。这不,我在阳台的花盆里种了好几棵葱。可是,都这么多天了,它怎么还没长高呢？今天我得想个办法,帮助它们长高。

（小精灵下）

葱苗一：嗨！兄弟姐妹们,我们的主人来了！

苗　二：是啊,他天天都来看我们。

苗　三：对啊,一天、两天、三天……都这么多天了。

苗　四：他老在我们面前转来转去,好像有什么心事！

苗　五：是啊,看他的神情,嫌我们长得不健康似的！

苗　六：怎么会呢,我们长得很健康呀！

苗　七：可是，我们的主人总是自言自语地说："我得想个办法帮它们长高。"

苗　八：噢，他嫌我们长得太慢，要帮我们快快长高呢！

众　苗：那太好了，太好了！

苗　一：咦，他怎么空着手来呢？

苗　二：嘘，他来了！

（小精灵左看看，右看看）

小精灵：葱苗啊，葱苗，我都把你们种下这么多天了，怎么不见你们长高呢？后天学校要召开种植成果评比，我还想获奖呢！嗯，我得想个办法帮你们长高。（围着花盆转，思考）

小精灵：（跳起来大喊）哈哈，有啦！（对着花盆说）小葱苗啊小葱苗，这回你可要长高喽！

（众苗你看我，我看你，不解地相望）

小精灵：（拔第一棵苗）哈哈，果然长高了。好！好！好！
　　　　（接着一棵棵拔，小苗歪歪斜斜地站起，愁眉苦脸，摇晃着）妙！妙！妙！妙极了！

妹　妹：哥哥！吃饭啦！菜都凉了！

小精灵：哎！来了！

（小精灵在台上转了一圈，在台前和妹妹相见）

妹　妹：哥哥，你在阳台上干什么呢？

（小精灵很神秘地把妹妹拉到一边）

小精灵：我告诉你，哥哥我只花了一点力气，就让葱苗长高了一大截。（得意地笑）

妹　妹：哥，你是怎么让它们长高的？我去看看。

小精灵：不急，先吃饭，先吃饭。

妹　妹：嗯，好吧，妈妈都等急了。

（小精灵和妹妹下）

众　苗：风儿吹得我们站不稳，太阳晒得我们失去生机，我们离开了土壤还怎么活下去？

苗　一：哎哟，我站不稳了，谁来帮帮我……

（众苗左右摇摆，苗一倒下。）

苗　二：哎哟哟，我也不行了！（倒下）

众　苗：啊！土壤，土壤，我们不能呼吸啦，快来救救

我们吧，救救我们……（都倒下）

（妹妹从台后上喊）

妹　妹：哥哥，你慢点吃，我去阳台看看你种的葱苗。

小精灵：好，我等会也去。

（妹妹来到花盆前）

妹　妹：这……这……这怎么回事？（边说边扶起葱苗，小苗耷拉着又倒下了）坏了，全枯死了！

妹　妹：（朝后台喊）哥哥，你快来呀！

（小精灵上）

小精灵：你瞎喊什么呀！

妹　妹：哥，才一顿饭的功夫，怎么葱苗全死了，你把它们怎么啦？

（小精灵抓头，难过而着急地说）

小精灵：我……我……把它们都拔了拔，我看它们长高了很多，还以为……还以为……

妹　妹：唉，哥哥呀，妈妈白给你起了小精灵的名字，你真是聪明过头了，做出这么愚蠢的事！唉！

7. 诗歌朗诵

我也变成春娃娃

春娃娃,笑哈哈,
唱着歌儿走来啦!
握握我的手,
手儿发了芽;
亲亲我的脸,
脸儿乐开花!
发了芽,开了花,
我也变成春娃娃。

绿绿的树　蓝蓝的湖

小鸟叽叽喳喳，

唱绿了林中的树。

小伙伴嘻嘻哈哈，

笑蓝了林边的湖。

树真高兴，

在风中，

沙沙鼓掌；

湖真高兴，

溅起水花，

像一串串珍珠。

泥土里的宝贝

嘀嗒嘀嗒,

小雨点在泥土里找啊找,

找到一朵小蘑菇;

嘀嗒嘀嗒,

小雨点在泥土里找啊找,

找到一棵小竹笋;

嘀嗒嘀嗒,

小雨点在泥土里找啊找,

找到一片小麦苗;

嘀嗒嘀嗒,

小雨点在泥土里找啊找,

找到……

嘿嘿,嘿嘿,小雨点笑了,

她说,泥土里的宝贝真不少!

大象和小羊

上幼儿园,我带着一头大象!

乘公共汽车,我牵着一只小羊!

你们奇怪吗?

大象和小羊,

从不离开我的身旁。

吃饭,在一张桌;

睡觉,在一张床。

哦,你想看看我的朋友吗?

瞧——都在我的衣服上!

8. 讲故事

贪心的老虎

一只老虎到河边喝水。咦,水里怎么也有一只老虎呢?

老虎瞪着眼睛说:"这河是我的,不准你喝!"水里的老虎也瞪着眼睛。

老虎的嗓子干得冒火,他想喝足了水再跟水里的老虎算账,就大口大口地喝水。水里的老虎也大口大口地喝水。

老虎怕水被水里的老虎喝光了,就拼命地喝呀喝……他的肚子越来越大,"扑通"一声掉到水里,变成了"落汤虎"。

鹅妈妈买鞋

鹅妈妈去买鞋,左看右瞧,买了一双高跟鞋。

老板说:"鞋子很美,可惜你腿上毛太粗。看来还得买双袜,让你看来像朵花。"

老板说:"袜子很美,可惜你腰围大了些。最好加件大花裙,保证让你受欢迎。"

老板说:"裙子很美,不过你脖子光溜溜。如果有条金项链,你会变成大美人。"

项链很美,不过老板还建议:"现在什么都不缺,只差一瓶好香水。"

哎哟哟,鹅妈妈手酸脚也累,本来只想买双鞋,怎么会抱回一大堆?

聪明的毛驴

一头毛驴在山坡上吃草,忽然发现一只狼正向自己走来。逃跑已经来不及了,怎么办呢?毛驴想到了一个好办法,它转过身,装出十分可怜的样子说:"狼先生,我是逃不掉了,我生来就是您的美食,但是我蹄子上扎了一根刺,我担心您吃我的时候会扎到喉咙,如果拔掉它,您吃起来就会顺利多了!"

狼高兴地连声说:"好,好,好!"毛驴把蹄子伸到它的面前。正当狼拿着驴蹄找刺的时候,毛驴用尽全身力气朝着狼的门牙猛踢一下,然后撒腿就跑。

愚蠢的老狼根本顾不上追毛驴,疼得只能满地打滚了。